W0054495

2. Lese-stufe

Katja Reider

Fantastische Meermädchengeschichten

Mit Bildern von Lisa Brenner

Ravensburger

Bibliografische Information der Deutschen Nationalbibliothek:

Die Deutsche Nationalbibliothek verzeichnet diese Publikation
in der Deutschen Nationalbibliografie.
Detaillierte bibliografische Daten sind im Internet
über http://dnb.d-nb.de abrufbar.

1 2 3 4 5 E D C B A

Ravensburger Leserabe
© 2020 Ravensburger Verlag GmbH
Postfach 2460, 88194 Ravensburg
Umschlagbild: Lisa Brenner
Konzept Leserätsel: Dr. Birgitta Reddig-Korn
Design Leserätsel: Sabine Reddig
Textredaktion: Nina Schiefelbein
Produktion & Satz:
Weiß-Freiburg GmbH – Grafik und Buchgestaltung
Printed in Germany
ISBN 978-3-473-36134-2

www.ravensburger.de
www.leserabe.de

Inhalt

Zweibeiner in Not   4

See-Ungeheuer   18

Der schönste Platz
der Welt   30

Zweibeiner in Not

Enya, die kleine Meerjungfrau,
steckt ihren Kopf aus dem Wasser.
Am Strand ist heute aber viel los!
Kein Wunder, bei dem Wetter!
Enya seufzt.
Wie gerne würde sie einmal
näher ans Ufer schwimmen!
Aber das ist viel zu gefährlich!

4

Niemals, wirklich NIEMALS
dürfen die Zweibeiner sie sehen!
Wenn Enya nur nicht
so neugierig wäre.
Mehr als gut ist
für eine Meerjungfrau.
Besser, sie taucht jetzt ab!
Aber – nanu? Enya stutzt.
Was macht denn das kleine Boot
so weit draußen?

Vorsichtig schwimmt Enya näher.

Im Boot sitzt ein Junge!

Und er paddelt wie verrückt.

Klar, er hat Angst!

Die Strömung treibt sein Boot

immer weiter aufs Meer hinaus.

Und er kann nichts dagegen tun!

Aber sie, Enya, schon.

Sie MUSS dem Jungen helfen!

„Hallo!", ruft sie. „Hallo, du da!"

Der Junge fährt herum.

„W-w-was machst du hier draußen?",
stottert er verdattert.

„Und du?", fragt Enya zurück.

Der Junge läuft rot an.

„Ich bin zu weit rausgepaddelt.
Jetzt schaffe ich es nicht zurück!
Soll ich dich ins Boot ziehen?
Dann versuchen wir es zusammen."

Bloß nicht!, denkt Enya.

Enya schüttelt den Kopf.

„Nee, ich kann super schwimmen.

Ich schlepp dich ab!"

Schon schnappt sie sich

die Bootsleine

und gleitet mühelos durchs Wasser.

Der Junge sieht ihr staunend zu.

„Hey, du hast ja echt Kraft!

Ich bin übrigens Finn.

Und wer bist du?"

„Ich heiße Enya."

„Schwimmst du oft so weit raus?"

Enya nickt.

Nach einer Weile fragt sie:
„Schaffst du das letzte Stück allein?"
„Ja, aber …" Finn zögert.
„Wollen wir nicht noch
ein bisschen zusammen
am Strand spielen?
Eine Sandburg bauen oder so?"
Enya senkt den Blick.
„Das würde ich sehr gern!
Aber es geht leider nicht.
Tschüss, Finn!"

Enya wendet sich um.

„Warte!", ruft Finn hinter ihr her.

„Wir könnten uns morgen

zum Schwimmen treffen.

Ist dir das lieber?"

Enya zögert, dann nickt sie.

„Gut, morgen früh …

hier im Wasser!"

10

Die kleine Meerjungfrau grübelt.
War die Verabredung ein Fehler?
Ist das Risiko nicht zu groß?
Finn darf nicht
hinter ihr Geheimnis kommen!
Aber er war so nett!
Und Enya würde so gern
mehr über die Zweibeiner erfahren!

Am nächsten Tag nähert sie sich
vorsichtig dem Strand.
Ihre Schwanzflosse darf keinesfalls
aus dem Wasser ragen!
Ah, da ist Finn!
Er hält schon nach ihr Ausschau.
Enya winkt ihm zu.
Finn rennt ins Wasser
und schwimmt ihr entgegen.
Schwups – taucht sie neben ihm auf.
„Hallo, Finn!"

„Hey!" Finn lacht Enya an.

„Deine Haare sind ja wirklich grün!

Hast du die selbst gefärbt?"

Enya errötet. „Äh … also …"

Finn schwimmt neben ihr her.

„So einen Badeanzug wie deinen

habe ich auch noch nie gesehen",

sagt er. „Sieht witzig aus!"

„Findest du?"

Enya berührt ihr Schuppenkleid

und sinkt tiefer ins Wasser.

„Wollen wir tauchen?", fragt Finn.
Enya erschrickt. „NEIN!"
Aber Finn ist schon unter Wasser.
Er will Enya an den Füßen ziehen.
Das wird bestimmt lustig!
Unter Wasser öffnet er die Augen.
W-w-was ist d-d-das?
Enya hat ja gar keine Beine,
sondern … sondern …
Finn schluckt Wasser.
Er taucht auf, hustet,
schnappt nach Luft.

Schon ist Enya bei ihm.

„Ganz ruhig, Finn!", sagt sie.

„Bitte, hab keine Angst!"

„Bist du wirklich …

eine Meerjungfrau?",

japst Finn ungläubig.

„Ja", flüstert Enya.

„Du darfst mich nicht verraten!

Die Zweibeiner würden mich

jagen und fangen und erforschen

und in ein Aquarium setzen.

Aber ich brauche das Meer,

verstehst du?"

15

Finn nickt.

„Ich erzähle niemandem von dir!
Ehrenwort!"

Enya atmet auf. „Danke!
Ich hätte dich nicht treffen dürfen.
Aber ich mag nicht mehr
immer allein sein."

„Jetzt hast du ja mich", sagt Finn.
„Wir kommen jeden Sommer her."
Enya strahlt.
„Wirklich? Toll!
Dann bringe ich dir jetzt bei,
wie man richtig gut taucht.
Wir werden so viel Spaß haben!"

Was würdest du gern von einer
Meerjungfrau lernen?

Frage

See-Ungeheuer

„Autsch! Was war das denn?",
ruft Maila.
Die kleine Seejungfrau
reibt sich den Arm.
„Zeig mal!"
Schon ist Undine
an der Seite ihrer Schwester.
Maila hat einen dicker Ratscher!

Vorsichtig fischt Undine
eine Scherbe aus dem Wasser.
„Hier, von einer kaputten Flasche.
Daran hast du dich geschnitten!",
erklärt sie.
Letzte Woche ist Fiete Frosch
das Gleiche passiert.
Die Libellen haben sich
in einem Orangen-Netz verfangen.
Und den Enten war übel,
weil sie schimmeliges Brot
gefressen haben.

Undine schüttelt wütend den Kopf.
„Warum werfen die Menschen nur
ständig ihren Müll in unseren See?",
fragt sie.
„Sie sind doch auch gern hier.
Wieso machen sie alles dreckig?"
„Die meisten nehmen ihren Müll
ja brav wieder mit",
wendet Maila ein.
„Zum Glück für sie", knurrt Undine.
„Aber die See-Ungeheuer nicht.
Die kriegen jetzt richtig Ärger!"

20

‚Die See-Ungeheuer' –
so hat Undine zwei Jungs getauft,
die immer mit ihren Mopeds
bis ans Ufer fahren.
Manchmal sogar bis ins Schilf.
Dabei brüten dort viele Vögel!
Dann setzen sich die Jungs
ans Wasser und picknicken.
Die Abfälle lassen sie liegen.
Oder schlimmer noch:
Leere Dosen und Flaschen
werfen sie in den See.

Aber damit ist jetzt Schluss!
Die See-Ungeheuer müssen
vertrieben werden!
Ein für alle Mal!
Jawoll!
Undine schmiedet einen Plan.
Ob die anderen mitmachen?
Na klar!

Am nächsten Tag sitzt
Fiete Frosch im Schilf
und hält Ausschau.
„Sie kommen!",
meldet er aufgeregt.
„Informiert die anderen!"
Eilig paddeln die Enten
kreuz und quer über den See.
Bald wissen alle Bescheid.

Aber – nanu? Was ist das?

Fiete hopst näher.

Die Jungen bauen ein Zelt auf!

Wollen sie etwa hier schlafen?

Was nun?

Fiete benachrichtigt Undine.

Aber die kleine Seejungfrau

kichert nur.

„Macht nichts, Fiete!

Nachts wird unser Plan

noch besser funktionieren …"

Zuerst ist alles wie immer:
Die Jungen sitzen am Ufer
und picknicken.
Wieder mal werden die Abfälle
johlend ins Wasser gepfeffert.
Hui – zischt eine Dose
knapp an Mailas Kopf vorbei.
Geschickt taucht sie unter
und sammelt sie ein.

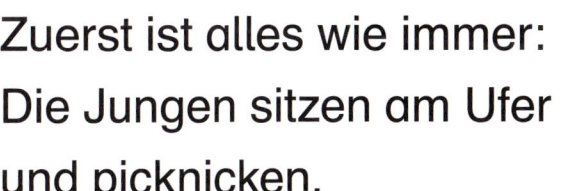

Auch Enten, Biber und Reiher
fischen fleißig Abfälle
aus dem See.
Alles wird zu Fiete gebracht.
Er bewacht die Sammelstelle.
„Friss bloß nichts davon!",
warnt ihn Undine.
Fiete schüttelt sich.
„Bist du verrückt?
Das ist viel zu eklig!"

Als es dunkel wird,
machen sich die Freunde bereit.
Endlich verziehen sich
die Jungen in ihr Zelt.
Es kann losgehen!
Eilig bauen die Biber
einen Berg aus Müll
vor dem Zeltausgang auf.
Dann stimmt Maila
einen schrillen Sirenen-Gesang an.
Undine fällt mit ein.

Die Frösche quaken dazu.
Die Enten schlagen mit den Flügeln.
Und die Reiher lassen Papierkugeln –
plopp – plopp – plopp – plopp –
auf das Zeltdach regnen.

„HILFE! Es spukt! See-Ungeheuer!"
Die Jungen stürmen aus dem Zelt.
Der erste stolpert prompt
über den Abfallhügel.
„Mann, das ist unser Müll!
Wer war das?
Das ist ja voll unheimlich!
Lass uns bloß abhauen!"
Minuten später ist alles vorbei.
Die See-Ungeheuer sind
mit Sack und Pack verschwunden.

„Die kommen nicht wieder",
sagt Undine zufrieden.
„Mir haben die beiden ja
fast ein bisschen leid getan",
gibt Maila zu.
„Ach, Schwesterherz",
seufzt Undine.
„Du bist unverbesserlich …"

Wie hast du dich schon einmal gegen
etwas gewehrt, das dich stört?

Frage

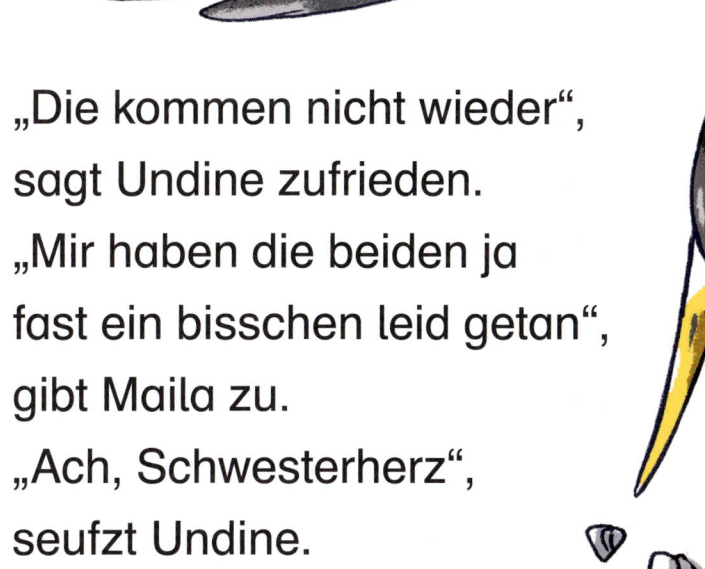

Der schönste Platz der Welt

Die Nixen Meri, Delphine und Yara
sind weltbeste Freundinnen.
Sie teilen alles miteinander.
Auch ihren Lieblingsplatz:
eine Felshöhle am Grund
des Flusses.
Hier horten sie ihre Schätze.
Und hier treffen sie sich
zum Spielen und Plaudern.

„Es ist so schön hier!",
seufzt Meri zufrieden.
Sie flicht ihr langes Haar
zu einem dicken Zopf.
„Ich kann mir keinen besseren Ort
auf der Welt vorstellen.
Ihr etwa?"
Delphine schüttelt den Kopf.
„Auf keinen Fall!"

Aber Yara zögert.

„Wir kennen ja nichts anderes",
sagt sie schließlich.

„Vielleicht ist es woanders
noch viel schöner als hier.
Wer weiß?"

Ihre Freundinnen starren sie an.

„Meinst du das ernst?",
fragt Meri.

Yara zuckt die Achseln.

Dann nickt sie trotzig.

„Klar, warum nicht?"

Yaras Worte tun Meri weh.

Sie weiß selbst nicht, warum.

Aber jetzt will sie

die Freundin auch verletzen.

„Dann hau doch ab!", ruft Meri.

„Schau dir die ganze Welt an!

Am besten gleich morgen!

Kannst uns ja mal

eine Flaschenpost schicken,

wenn du Zeit hast!"

Kaum ausgesprochen,

bereut Meri ihre Worte schon.

Aber es ist zu spät.

Am nächsten Morgen ist Yara fort.

„Wir hören sicher nie wieder

etwas von ihr", schluchzt Meri.

„Doch! Warte ab!",

tröstet sie Delphine.

Und tatsächlich:

Bald kommt Post.

Liebe Freundinnen,
mir geht es gut!
Ich bin den ganzen Fluss
hinuntergeschwommen.
Bis ins große Meer.
Hier ist alles viel größer:
die Schiffe, die Wellen
und die Tiere!
Und stellt euch vor,
das Wasser hier
schmeckt salzig!
Liebe Grüße
von Eurer
Yara

Meri und Delphine freuen sich sehr,
von ihrer Freundin zu hören.
Und sie müssen nicht lange
auf die nächste Nachricht warten.

Liebe Freundinnen,
heute wollte mich eine Familie
auf ihrem Schiff mitnehmen.
Aber das ist mir zu langweilig.
Ich tanze lieber durch die Wellen.
Gestern habe ich einen Wal gesehen!
Liebe Grüße von Eurer
Yara

Fast jede Woche kommt ein Brief.
„Wie aufregend das alles klingt!",
seufzt Meri.
„Sicher wird Yara nie wieder
in unseren Fluss zurückkehren!"
Und tatsächlich –
die nächste Nachricht lautet:

Liebe Freundinnen,
jetzt weiß ich,
wo der schönste Ort der
Welt ist. Ich bin schon
dahin unterwegs.
Liebe Grüße
von Eurer
Yara

Traurig lässt Meri
den Brief sinken.
Nun ist Yara also für immer fort,
irgendwo am Ende der Welt.
Mit hängenden Flossen
schwimmt Meri ziellos umher.
Aber – nanu!
Als sie wieder zur Höhle kommt –
wer sitzt da neben Delphine?
„YARA!"

Glücklich fallen sich
die Freundinnen in die Arme.
„Der schönste Ort der Welt …
ist zu Hause!",
flüstert Yara Meri ins Ohr.
Meri lacht.
„Aber du hattest schon recht:
Es kann nicht schaden,
sich auch den Rest anzuschauen.
Bei deiner nächsten Reise
kommen wir mit!"

Was möchtest du dir auf der Welt gern **Frage**
mal ansehen?

39

Leserabe Leserätsel

Rätsel 1 **Viel zu viele Buchstaben!**

Streiche die Buchstaben, die zu viel sind.

WARISSOWER

SCHATERBLE

HAUBÖHLITE

Rätsel 2 **Wörter ohne Grenzen**

Wie viele Wörter aus der Geschichte findest du?

DOSEENTEBOOTFLOSSESEE

FROSCHPLANREIHERSTRAND

Lösungen
Rätsel 1: Übrig bleiben Wasser, Scherbe, Höhle
Rätsel 2: Dose, Ente, Boot, Flosse, See (5)
Frosch, Plan, Reiher, Strand (4)

Wörter im Versteck

Insgesamt sind sechs Wörter versteckt.
Kreise sie ein.

X	B	U	F	E	R
U	R	T	M	A	S
L	I	Z	O	P	F
E	E	E	D	O	N
R	F	L	U	S	S
I	N	T	E	T	R

Fragen zur Geschichte

Wer kennt sich aus bei den Meermädchen?

Enya nennt die Menschen ——————————— . Maila

und Undine finden, in ihrem See ist zu viel ————— .

Und Yara schwimmt bis ins große ————— .

Lösungen
Rätsel 3: Brief, Zelt, Post, Ufer, Zopf, Fluss
Rätsel 4: Zweibeiner, Müll, Meer

Rätsel für die Rabenpost

Was stimmt? Ersetze die richtige Zahl
durch den passenden Buchstaben.
Dann erhältst du das Lösungswort.

	Ja	Nein
Enya schleppt Finn ab.	13	23
Finn hat Angst vor Enya.	5	15
Undine hat einen Ratscher.	11	16
Die Jungen glauben, es spukt.	5	21
Yara sieht einen Tintenfisch.	24	4

A	B	C	D	E	F	G	H	I
1	2	3	4	5	6	7	8	9

J	K	L	M	N	O	P	Q	R
10	11	12	13	14	15	16	17	18

S	T	U	V	W	X	Y	Z
19	20	21	22	23	24	25	26

Lösungswort:

Rabenpost

Bitte frage deine Eltern!*

Super, geschafft!

Jetzt ist es Zeit für die Rabenpost.
Wenn du das Lösungswort herausgefunden hast,
kannst du tolle Preise gewinnen, aber bitte frage
vorher deine Eltern, ob du mitmachen darfst!

Gib es auf der Website ein:
▶ www.leserabe.de

oder mail es uns: ▶ leserabe@ravensburger.de

oder schick es mit der Post an:

Lösungswort:

An
den LESERABEN
RABENPOST
Postfach 2007
88190 Ravensburg
Deutschland

* Wir verwenden die Daten der Einsender nur für das Gewinnspiel und nicht für weitere Zwecke. Alle weiteren Informationen zum Datenschutz und über unser Gewinnspiel findet ihr unter **www.leserabe.de**.

Ravensburger Bücher

Leserabe

Lesen lernen mit Spaß!
In drei Stufen vom Lesestarter zum Überflieger

ISBN 978-3-473-**36530**-2

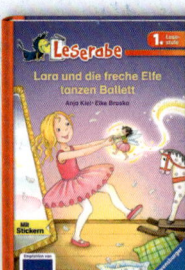
ISBN 978-3-473-**36533**-3

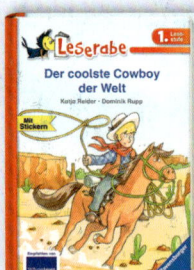
ISBN 978-3-473-**36567**-8

1. Lese-stufe

ISBN 978-3-473-**36534**-0

ISBN 978-3-473-**36568**-5

ISBN 978-3-473-**36569**-2

2. Lese-stufe

ISBN 978-3-473-**36571**-5

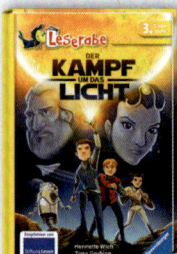
ISBN 978-3-473-**36509**-8

3. Lese-stufe

Besuch mich doch auf
www.leserabe.de

Ravensburger